6 juin 1854 23

CATALOGUE
D'UN RICHE
MOBILIER

Bronzes, Dorures anciennes, Porcelaines de vieux Sèvres, Saxe, Chine et Japon, Argenterie, Bijoux et Diamants, Bas-Reliefs, Bustes en marbre blanc par Falconnet, Lustre en cristal de roche, Matières précieuses, Miniature de Hall, Tableaux par Canaletti, Pastels par Antonin Moine, Gravures, Objets divers et de Petit-Dunkerque, Bonne Bibliothèque contenant les ouvrages des meilleurs auteurs, Meubles courants en palissandre et acajou, Tapis, Rideaux, Linge.

VINS FINS

DONT LA VENTE AUX ENCHÈRES PUBLIQUES AURA LIEU

PAR SUITE DU DÉCÈS DE M. LE COMTE DE G*ravilli* ou *(Graviellers)*

HOTEL DES VENTES MOBILIÈRES,
RUE DROUOT,
Salle n. 1, au premier,

**Les Mardi 6, Mercredi 7, Jeudi 8, Vendredi 9
et Samedi 10 Juin 1854, à midi.**

Par le ministère de M**ᵉ BONNEFONS DE LAVIALLE**,
Commissaire-Priseur, rue de Choiseul, 11,

Et Mᵉ **DUCROCQ**, Commissaire Priseur, rue de la Grange-Batelière, 12,

Assistés de M. **THÉRET** fils, Expert, rue Le Peletier, 33.

Et M. **GUILBERT**, Expert Libraire, quai Voltaire, 25,

Chez lesquels se distribue le présent Catalogue.

EXPOSITION PUBLIQUE
Le Lundi 5 Juin 1854, de midi à cinq heures.

PARIS
MAULDE ET RENOU
IMPRIMEURS DE LA COMPAGNIE DES COMMISSAIRES-PRISEURS
Rue de Rivoli, 114.
1854

Exemplaire de Beraldey père

CONDITIONS DE LA VENTE.

Elle sera faite au comptant.

Les acquéreurs paieront, en sus des adjudications, cinq centimes par franc applicables aux frais.

ORDRE DES VACATIONS.

Mardi. — Objets de Dunkerque, Bijoux, Tabatières, Diamants, Argenterie et plaqué.

Mercredi. — Porcelaines de Sèvres, Saxe, Chine et Japon.

Jeudi. — Curiosités, Marbres, Tableaux, Miniatures, Bronzes et Dorures.

Vendredi. — Bronzes et Dorures, Tapisseries, Mobilier.

Samedi. — Couchers, Linge, Garde-Robe, etc.

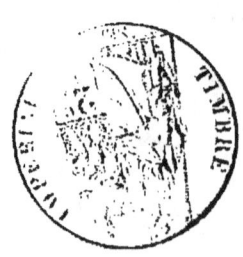

CATALOGUE

D'UN

RICHE MOBILIER

Meubles riches en bois sculpté, doré, bois rose, satiné, acajou, Marqueterie de Boule, et palissandre garnis de Bronzes dorés, des époques Louis XIV, Louis XV et Louis XVI; beaux Meubles de salon, riches Tapis de Smyrne, Aubusson, et Rideaux de soie, etc.

1 — Une commode et deux encoignures en bois satiné du temps de Louis XVI, garnis de bronzes finement ciselés, à dessus de marbres en brocatelles d'Espagne. (Ancien, attribué à Riesner.)

2 — Etagère en bois satiné, ornée de glace et bronzes dorés, même style.

3 — Un bureau de dame en bois satiné, garni de bronzes dorés, avec velours violet.

4 — Une armoire à glace en bois satiné, garnie de bronzes dorés, même style.

5 — Un prie-dieu en bois satiné, mêmes bronzes et même style.

6 — Un guéridon en bois satiné, orné d'une tapisserie au petit point.

7 — Un miroir de toilette forme contournée, en bois satiné, même style.

8 — Deux jolies bibliothèques en bois satiné, du temps de Louis XV, à portes vitrées, ornées de bronzes dorés.

9 — Un bureau à quatre faces en acajou, du temps de Louis XVI, orné de bronzes dorés.

10 — Un meuble étagère en acajou et bois gris, orné de glaces et bronzes dorés, style Louis XVI.

11 — Un petit meuble, bonheur-du-jour, en acajou et bronzes dorés, Louis XVI.

12 — Une belle commode Louis XVI, en bois rose, marqueterie riche à rosaces, garnie des bronzes.

13 — Un joli petit bureau dos d'âne en bois rose, garni de bronzes dorés, orné d'une plaque porcelaine de Sèvres, sujet d'après Téniers.

14 — Deux commodes régence en bois rose, marquetées de trophées de musique, ornées de bronzes.

14 bis — Un meuble riche à trois portes-pleines et vitrées, en marqueterie de Boule, garni de bronzes dorés, marbre en vert de mer.

15 — Un meuble riche à trois portes-pleines, garni de bronzes dorés, marbre noir.

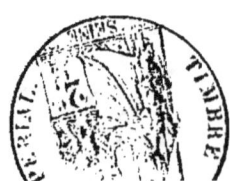

16 — Un bureau à quatre faces, en marqueterie et garni de bronzes dorés, avec dessus de velours cramoisi.
17 — Une riche pendule en marqueterie de Boule, garnie de bronzes, forme cintrée, hauteur un mètre sans la console.
18 — Deux meubles riches, à hauteur d'appui, garnis de bronzes, à dessus de marbre noir.
19 — Une jardinière en bois rose, ornée de cuivre et plaques en porcelaine décorée.
20 — Un petit bureau à damier, en palissandre et bois rose.
21 — Une petite table à ouvrage en bois de placage, mosaïque en stuc.
22 — Un coffre ancien en bois violet, garni de cuivres.
23 — Un coffre en bois rose, riche en marqueterie, bois de rapport, attribué à Riesner.
24 — Un bonheur-du-jour en bois rose, garni de bronzes dorés, orné de plaques, fond bleu-turquoise, cartels d'Amours et fleurs.
24 bis — Un petit bureau carré en bois satiné, en marqueterie à quadrilles, orné de bronzes dorés.
25 — Une toilette en marqueterie de bois rose, garnie de bronzes dorés.
26 — Une glace avec riche bordure en bois sculpté, doré, à guirlandes de roses et fleurs. Epoque Louis XVI.

27 — Un beau lit à la duchesse, style renaissance, à baldaquin en bois d'ébène et poirier noirci, orné de bronzes dorés.
28 — Un petit bureau de dame, style renaissance, galerie à jour et bronzes dorés.
29 — Un prie-dieu style renaissance, à armoire garnie de damas jaune à l'intérieur.
30 — Quatre chaises style renaissance, garnies de bronzes dorés.
31 — Deux chauffeuses, dito.
32 — Un guéridon, dito.
33 — Une table en satiné, garnie de bronzes.
34 — Un bureau à cylindre, Louis XV, en bois rose, marqueterie et bronzes dorés.
35 — Une belle table ovale, à godrons, en palissandre sculpté, riche pieds à mascarons et griffes.
36 — Une table plus petite et plus simple.
37 — Un riche buffet à dossier en palissandre sculpté.
38 — Deux jolis dressoirs dito, galeries à jours.
39 — Deux tables à jouer dito, à godrons.
40 — Douze chaises en palissandre, couvertes en velours de laine cramoisie et clous dorés.
45 — Une chaise confortable couverte en soie.
46 — Une table en chêne sculpté, avec dessus en velours vert.
47 — Six chaises dito, couvertes en moquette bouclée, dessin rayé à fleurs.
48 — Une commode forme cintrée, bois rose, avec marbre et bronze.

49 — Deux canapés, style Louis XVI, en bois sculpté doré, couvert en tapisseries au petit point, décors de fleurs à grands bouquets.
50 — Un meuble de salon en bois sculpté et doré, composé de deux grands canapés, un écran, quatre fauteuils, quatre chaises, et deux confortables, en tout treize pièces, couvert en lampas fond brun à bouquets de fleurs.
51 — Un confortable couvert en soie.
52 — Un tête-à-tête couvert en soie rayée à fleurs.
53 — Cinq fauteuils confortables couverts en soie à fleurs brun-rouge.
54 — Douze chaises noires laquées couvertes en soie et petit point.
55 — Un beau tapis d'Aubusson, riche de dessin.
56 — Un tapis de foyer dito.
57 — Un tapis de Smyrne dito.
58 — Quatre petits tapis en moquette, dessin courant.
59 — Un tapis uni.
60 — Une descente de lit riche de dessins.
61 — Quatre rideaux en lampas fond brun à bouquets de fleurs et accessoires.
62 — Douze rideaux de portières en moquette bouclée, rayée, à fleurs et les accessoires.
63 — Quatre rideaux de croisée dito.
64 — Quatre rideaux de portières doublés en soie. Une tenture dito violet damassé.

65 — Deux rideaux en damas jaune et accessoires, embrasses et bâtons.
66 — Six rideaux dito de croisée, en reps, dessins oriental, avec embrasses et bâtons, etc.
67 — Plusieurs lots de rideaux, d'embrasses, doublures et accessoires.

Bronzes et Dorures, Pendules, Candélabres, Flambeaux, Chenets, et autres, anciens et modernes.

68 — Une belle pendule ancienne, à figures jouant de la musique, près d'un fût de colonne orné de guirlandes de fleurs, en bronze doré, posée sur un socle en marbre blanc, à rinceaux en bronze doré.
69 — Une paire de candélabres à quatre lumières, du temps de Louis XIV, à rinceaux guirlandés de fleurs, en bronze doré, socles en porphyre de Suède.
70 — Deux girandoles du temps de Louis XIV, à trois lumières, bronze argenté.
71 — Deux flambeaux anciens à guirlandes et médaillons en bronze doré.
72 — Six flambeaux anciens en bronze gravé et doré.
73 — Deux grands flambeaux anciens en bronze doré.
74 — Trois paires de flambeaux Louis XVI, finement ciselés, en bronze doré.
75 — Une pendule de voyage, à glaces et bronze doré, de Leroy et fils.

76 — Un encrier en bronze rocaille, et ses accessoires en bronze doré.
77 — Un encrier, chien en bronze doré sur marbre noir.
78 — Une riche pendule à figure en bronze rocaille doré : le Char de Neptune.
79 — Deux candelabres dito, à huit lumières : figures de Tritons.
80 — Deux flambeaux dito, dito.
81 — Quatre bras à six lumières et enfants en bronze doré.
82 — Une paire de feux à cerf et sanglier en bronze rocaille doré.
83 — Une pendule, style de la renaissance, en bronze ciselé et gravé, ornée de lapis lazuli et socle en porphyre oriental.
84 — Deux flambeaux anciens à deux lumières, en bronze doré : figures de Satyres en bronze, d'après Clodion.
85 — Deux flambeaux à deux branches, genre de Gouttières, bronze doré.
86 — Deux candelabres à six lumières, en bronze doré. (Boule ancien.)
87 — Une pendule à vase et deux candelabres à figures d'enfants, en bronze doré et marbre blanc, du temps de Louis XIV.
88 — Deux flambeaux anciens, à vases Louis XVI, en bronze doré.
89 — Une peinture sur toile d'araignée, dans une jolie bordure en bronze doré, Louis XV.
90 — Deux porte-tulipes en cristal taillé, monture Louis XV.

91 — Un joli groupe en bronze ancien : le Baiser d'Houdon, sur socle en marbre bleu-turquin.
92 — Une petite pendule style Louis XV, deux figures en bronze doré, socle en marbre blanc.
93 — Deux flambeaux à deux lumières : Amours et socle en marbre blanc.
94 — Deux petits flambeaux en bronze gravé et doré.
95 — Un devant de cheminée, éventail à jour, en bronze doré.
96 — Pelle, pincette et portoir en bronze doré.
97 — Deux candélabres à six lumières, en bronze artistique : Guerriers supportant des trophées d'armes.
98 — Une pendule en porcelaine tendre gros bleu de roi, richement montée en bronze doré.
99 — Deux vases dito, montures à serpents et riches bouquets de lis à sept lumières, en bronze doré.
100 — Deux vases en porcelaine anglaise, fond gros bleu au grand feu, monture rocaille en bronze doré.
101 — Deux flambeaux dito, montés en bronze doré.
102 — Deux petits dito, à vermicelle d'or, montés en bronze doré.
103 — Deux groupes en bronze : Chevaux de Marly.
104 — Deux presse-papiers Louis XVI : Petits chiens en bronze doré, socles en marbre blanc.

105 — Deux dito en bronze, socles en marbre blanc.
106 — Plusieurs paires de flambeaux en bronze doré.
107 — Deux jolis groupes en bronze artistique : Chasse au cerf, par M. Aubry.
108 —
109 —
110 —

Porcelaines de vieux Sèvres, anciens décors, pâte tendre, et autres.

111 — Un magnifique vase fond blanc, entrelas vert et bouquets de fleurs, richement monté en bronze doré.
112 — Deux grands vases, fond blanc à bouquets de fleurs, jolie monture en bronze doré.
113 — Deux jolis seaux moyenne grandeur, fond blanc à bouquets de fleurs et filets bleus.
114 — Une écuelle fond rose, couronnes de laurier et bouquets de fleurs.
115 — Quatre jolis petits sucriers, fonds vert, bleu-turquoise, rose, à cartels d'oiseaux, fleurs et paysages.
116 — Deux coquetiers et deux socles, fond vert et bleu de roi à bouquets.
117 — Quatre seaux et guéridon, fond blanc et bouquets de fleurs. (Restaurés.)
118 — Un cabaret composé de douze tasses et soucoupes, un bol, un sucrier en pâte tendre, une théière et un pot au lait en pâte dure, le tout forme cul-de-poule.

119 — Deux grands plateaux, fond blanc à roses. (Restaurés.)
120 — Un joli plateau guéridon contenant quatre pièces fond blanc, fleurs en camaïeux rouge.
121 — Deux vases forme Médicis, fond bleu-turquoise à paysages, socles en porphyre de Suède.
122 — Une jardinière, fond blanc, cartels de fruits et fleurs, montée en bronze doré.
123 — Une belle tasse forme droite, fond bleu-turquoise, cartels de fleurs.
124 — Une belle tasse forme cul-de-poule, fond bleu de roi, à entrelas et guirlandes de fleurs.
125 — Une tasse forme droite, fond bleu de roi, cartel grisaille.
126 — Deux jolies tasses mignonnettes, fond bleu de roi, cartels d'enfants, d'après Boucher, en couleur et camaïeu.
127 — Deux tasses à fond œil-de-perdrix, violet, cartels de paysages (cul-de-poule).
128 — Deux tasses cul-de-poule, fond blanc, ornées d'Amours en camaïeu bleu.
129 — Une tasse, fond bleu Vincennes, ornée d'Amours en camaïeu rouge.
130 — Deux tasses, un fond fleuri, camaïeu et fleurs.
131 — Deux tasses mignonnettes, fond rose et bouquets de roses.
132 — Quatre pièces, sucriers, écuelles, fond rose à camaïeu.

133 — Un sucrier et une théière, fond bleu, cartels de fleurs.
134 — Une tasse à la reine, à couvercle fond brun, cartels de bacchanales, camaïeu rouge, trophées et guirlandes de fleurs.
135 — Six belles assiettes décors variés.
136 — Deux jolies caisses à fleurs, fond vert, et fleurs et fond blanc : Amours en camaïeu rouge.
140 — Quatre pots à crême, fond blanc, décors barbeau.
141 — Six petits plateaux et soucoupes dépareillés
142 — Deux petits plateaux carrés à jour, fond vert et turquoise, à fleurs et oiseaux. L'un des deux monté en bronze doré.
143 — Une assiette montée en panier, avec bronze doré.
144 — Quatre petites tasses, fond blanc, bleu-turquoise et fleurs.
145 — Trois assiettes fond blanc et fleurs.
146 — Un coquetier fond turquoise à fleurs, monté en bronze doré.
147 — Une statuette en biscuit, le Grand-Condé.
148 — Un buste en biscuit, portrait de Napoléon, premier Consul.
149 — Quatre tasses blanches pâte dure.
150 — La Baigneuse de Falconnet, en pâte dure, socle de porphyre de Suède, monté en bronze doré.
151 — Une écuelle dito, fond blanc à trophée, dito. (Fracturée.)

152 — Une soupière dito, fond blanc à guirlandes de fleurs.
153 — Deux seaux et deux assiettes fracturées.
154 — Un sucrier fond bleu, turquoise à bouquet.
155 — Deux petites corbeilles, fond bleu turquoise.
156 — Deux plateaux, ovale et rond, fond bleu.
157 — Une cave à odeurs en bois rose, contenant plusieurs pièces en Sèvres.
158 — Environ une cinquantaine de pièces dépareillées seront divisées.

Porcelaines de vieux Saxe, Chine, Japon et Anglaise.

159 — Un grand plateau, sujet galant, d'après Watteau.
160 — Deux guéridons restaurés, à jour, ornés de fleurs.
170 — Une jolie écuelle, fond blanc à miniatures d'après Watteau.
171 — Deux petits flacons à figures, etc.
172 — Une figure de Bacchus posé sur socle.
173 — Une glace à main entourée de fleurs en relief.
174 — Deux pièces : petit flacon et tonneau, fond lie de vin à miniatures.
175 — Un groupe posée sur un socle, fond vert à perles.
176 — Une figurine : Chasseur en habit vert.
177 — Deux figurines : Danseurs sur socles à jour.
178 — Deux figurines : Marquises sur socles.
179 — Quatre figurines : Saxe et Allemagne, socles.

180 — Quatre Saxe, Amours : socle bois noir.
181 — Deux cygnes en Saxe.
182 — Deux belles potiches, grande dimension, en vieux Japon laqué à dessins bleus, posées sur socles riches en chêne sculpté.
183 — Deux belles paires de vases en Chine fleuri, à cartels mandarins.
184 — Belle garniture de trois vases Chine, fond bleu-lapis, cartels à mandarins ornée de belles montures à enfants en bronze doré.
185 — Deux vases, formes arrondies à couvercles en vieux Japons. Riches de qualité.
186 — Un vase en céladon vert et jaune monté en bronze doré.
187 — Deux petits seaux en Japon, fond bleu et fleurs rouges.
188 — Deux vases formes cylindriques : Chine et mandarins.
189 — Un oiseau de proie en terre de Bocaro.
190 — Deux plats à pans, Chine, fond bleu à fleurs.
191 — Six seaux à rafraîchir en porcelaine de l'Inde, ornés de guirlandes de fleurs et armoiries.
192 — Un tête-à-tête en Japon, dessins bleus.
193 — Une corbeille sucrier.   dito.
194 — Un chien en porcelaine anglaise.
195 — Un abat-jour, porcelaine anglaise, fond blanc et fleurs.
196 — Une centaine de pièces, en objets dépareillés en porcelaine de Saxe, Allemagne, Chine, Japon, Anglais, faïence, etc.

Bijoux en or et argent, enrichis de Diamants, Perles fines, Turquoises, Jaspes, Cristaux de roche et autres.

197 — Une jolie bonbonnière ronde en cristal de roche, montée en or ciselé, du temps de Louis XVI.
198 — Un flacon en cristal de roche, monté en or émaillé, bleu de roi.
199 — Un joli bijou en or émaillé avec deux boucles d'oreilles, dito, du XVIe siècle.
200 — Une canne en jonc, pomme en vernis de Martin, montée en or.
201 — Une canne, pomme en or avec turquoises.
202 — Une canne à tête de femme en porcelaine de Saxe, cercle en or.
203 — Une canne à béquille, en jaspe sanguin, montée en or.
204 — Quatre cannes, bambou avec pomme d'or, ivoire, etc.
205 — Une tabatière, coquille gravée, garnie en argent.
206 — Une jolie broche en miniature, montée en or, entourée de diamants.
207 — Plusieurs boutons, épingles, bagues en or, perles fines, camées, etc.
208 — Un petit coffret en argent émaillé et doré, orné de figurines aux angles.
209 — Un miroir, style renaissance, en argent doré.
210 — Une tabatière en écaille doublé en or, avec portrait miniature.

211 — Une bague en or et sardoine gravé.
212 — Une épée montée en argent ciselé doré, du temps de Louis XV.
213 — Quatre pièces, boucles de souliers et crochet, en strass et argent.
214 — Quatre couteaux Louis XIII et Louis XVI, en or ciselé et cuivre gravé.
215 — Deux jolis cadres anciens en argent repoussé.
216 — Un gobelet en verre émaillé et gravé, monté en argent doré.
217 — Deux jolis flacons en verre de Bohême gravé.
218 — Un flambeau en cristal gravé, monté en argent émaillé.
219 — Quatre petits verres de Bohême gravés, montés en argent, Louis XIII.
220 — Onze petits verres Venise et Bohême gravé, montés argent.

Bas-relief en marbre blanc de Falconnet, Terres cuites, Cristaux de roche, Agates, Jades, Cornalines, Lapis, Corail, Ambre, et autres matières précieuses.

221 — Falconnet : haut-relief sculpté sur marbre blanc, représentant le sujet d'Alexandre-le-Grand cédant sa maîtresse Campaspe à Apelles. Jolie composition très-bien exécutée. Œuvre capitale de ce célèbre statuaire.

222 — Du même. Deux bustes de jeunes femmes en marbre blanc.

323 — Un beau dessus de table ovale en marbre noir et mosaïque de Florence, ornés de fleurs, fruits et frises en lapis lazuli.

224 — Une belle et grande vasque à godrons et moulures, posée sur son pied en brocatelle d'Espagne.

225 — Un groupe en terre cuite, de M. Graillon, de Dieppe : Composition de quatre figures de mendiants.

226 — Un bas-relief ovale en terre cuite : Paysage avec figures.

227 — Un lustre à six lumières en cristal de roche.

228 — Une trentaine de jolis petits socles en cristal de roche en lapis lazuli, porphire oriental, griotte d'Italie, vert de mer, etc.

229 — Une jolie coupe en agate fleurie, forme ronde, montée sur socle en bronze doré et griotte d'Italie.

230 — Une coupe ovale, non montée.

231 — Neuf coupes en cornalines et agates dont une montée en argent.

232 — Deux tabatières en agate d'Allemagne.

233 — Un joli flacon à odeur en cristal de roche gravé ; avec couvercle pareil.

234 — Un buste en ambre et perles fines, socle en agate d'Allemagne.

235 — Un coffret en agate fleurie monté en bronze doré.

236 — Un bel encrier en cristal de roche, jolie monture ancienne en bronze doré avec plateau en marqueterie fine, bois rose.

237 — Une tasse en jade sculpté, anse prise dans la masse.
238 — Un coffret à bijoux en malachite et bronze gravé doré orné d'un sujet en émail.
239 — Une figurine de saint Antoine de Padoue en corail gravé, sur socle en bronze doré orné de coraux.
240 — Un groupe. Deux figures en groue antique.

Miniatures, bons Tableaux de maîtres, Pastels et Gravures.

241 — Une miniature, genre Lancret, scène galante, bordure en bois sculpté.
242 — Une miniature : Saint en extase, ornée d'une jolie bordure en bois sculpté.
243 — Une miniature d'après le Titien, portrait de jeune femme.
244 — Une miniature signée Halbedels, Enlèvement de Flore par Zéphir.
245 — HALL (signé). Miniatures, deux portraits de dames, ornés de fleurs dans leurs cheveux, posées sur de jolis fonds de paysage.
246 — Du même (signé). Miniature : Joli portrait de dame, ornée de fleurs, et fond de paysage.
247 — Une belle miniature : Portrait de la Reine Marie-Antoinette.
248 — LA ROSALBA. Une miniature : Flore et Pomone.

249 — Une miniature carrée : Portrait de dame, bordure en argent repoussé.
250 — Deux miniatures carrées, en vernis de Martin : Sujets d'après Boucher.
251 — Une miniature, par M. Remi : Portrait de Mme D..., artiste du Vaudeville.
252 — Deux portraits, dito, au daguerréotype.
253 — Une miniature anglaise : Portrait de dame.
254 — Une miniature : Joli portrait de dame du temps de Louis XIV.
255 — CHARLIER. Miniature : Portrait de dame, costume de fantaisie.
256 — FRAGONARD (genre de). Sujet galant tiré de Faublas. Miniature.
257 — SAUVAGE. Grisaille : la Danse et la Musique.
258 — Plusieurs miniatures diverses.
259 — Antoine CANAL, dit CANALETTI. Six magnifiques tableaux de cet habile maître, représentant la place, l'église Saint-Marc, le Palais ducal, la Douane et autres monuments. On remarquera la conservation, la perspective, le brillant et la transparence des eaux.
260 — PATER. Halte de chasse, repas sur l'herbe, Jolie composition galante et gracieuse.
261 — WANLOO. Bon tableau : Portrait d'enfant jouant avec un oiseau.
262 — GREUZE. Tête de jeune garçon.
263 — Antonin MOINE. Joli pastel : Portrait de Mme D..., artiste dramatique.
264 — INCONNU. Pastel : Portrait de la même dame en costume oriental.

265 — ECOLE ITALIENNE. Adoration des anges ; bordure riche en jaspe fleuri, lapis, agates, avec bronze doré à jour, sur bois noir.
266 — Une sainte Madeleine.
267 — Sainte-Vierge et l'Enfant-Jésus, sur fond or.
268 — GREUZE (d'après). Jeune fille à la colombe.
269 — ECOLE ANGLAISE. Scène d'intérieur.
270 — Une peinture : Sainte en adoration. Cadre vénitien.
271 — Gravures, etc.

Objets divers et de petit Dunkerque.

272 — Quatre figurines, : les Saisons, en ivoire sculpté.
273 — Deux bonbonnières en ivoire gravé.
274 — Quatre pièces, cachets, en fer, ivoire, agate et cornaline.
275 — Cinq pièces, flambeau Louis XIII, trois couteaux et poignard.
276 — Deux jumelles et une lorgnette, dont une en posé d'or. (Derépas).
277 — Quatre pièces : Etuis et sceau en vernis de Martin.
278 — Une paire d'anciens pistolets.
279 — Douze médailles en bronze et dorures : M. Guizot et autres.
280 — Un porte-cigare en bois rose, à portes tournantes et bronze.
281 — Clef de chambellan, en bronze doré.

282 — Deux tabatières de Brunswick.
283 — Dix pièces : porte-papiers, porte-montres, etc., en palissandre et autres.
284 — Cinq pièces : verres Venise, mousseline et autres.
285 — Deux jolies pièces en cristal anglais : encrier et porte-plume.
286 — Dix verres de Bohême et autres.
287 — Vingt-quatre corbeilles en cristal anglais.
288 — Deux verres cristal d'Allemagne couleur rubis et émaillé.
289 — Un lot de médailles, coquillages, galet, cailloux taillés, etc.
290 — Un lot de bustes et figurines en plâtre.
291 — Une jolie bordure en bois sculpté, doré.
292 — Quatre bordures, émaux et miniatures.
293 — Quatre pièces : bronzes antiques, ivoires.
294 — Six pièces : porte-plumes en argent, corail et bronze doré.
295 — Une centaine d'Objets de Petit-Dunkerque.
296 — Trois magnifiques bas-reliefs en bois sculpté, attribués à François Flamand : jolis groupes d'enfants, représentant l'Automne, etc.
297 — Une Sainte Madeleine, en faïence de Palissy.
298 — Bustes antiques : Bacchus et Diane.
299 — Deux jolies coupes en argent repoussé aux aux armes de France et d'Espagne.
300 — Deux vases en céladon fleuri, candelabres à six lumières, à lis en bronze doré.
301 — Une jardinière en vieux japon, montée en bronze doré.

MAULDE ET RENOU, Imprimeurs de la Compagnie des Commissaires-Priseurs, rue de Rivoli, 114.
5302

www.ingramcontent.com/pod-product-compliance
Lightning Source LLC
Chambersburg PA
CBHW050039230526
45470CB00003B/1361